Sociocracy For All ist eine Nonprofit und operiert weltweit. Registriert in den USA
www.sociocracyforall.org

ISBN: 978-1-949183-35-1
Ted Rau (2024). Soziokratie - kurz erklärt. Sociocracy For All

Inhaltsübersicht

Einführung

Viele Prozesse in Organisationen und auf gesellschaftlicher Ebene folgen impliziten Spielregeln, die manche als normal ansehen: Manche Leute haben Macht und andere nicht. Manche Leute haben Ressourcen, andere nicht. So ist es halt?

Es ist Zeit, diese Regeln zu ändern. Wir wollen dieses Spiel nicht mehr spielen. Aber was kommt danach? Viele von uns haben nie gelernt, wie man es anders machen könnte. Soziokratie ändert diese Spielregeln. Soziokratie bietet eine Alternative an, die ohne Machtspielchen auskommt und durch soziale Gerechtigkeit ersetzt. Soziokratie besteht aus:

- einem inklusiven und wirksamen Weg Enscheidungen zu treffen.
- transparent verteilte Verantwortung in Kreisen und Rollen.
- Kreissitzungen, die verbinden und uns gleichzeitig voranbringen.

Soziokratie ist besser als stundenlange Meetings oder sinnentleerte Wahlen ohne Nuancen. Es stellt Transparenz her, Leichtigkeit und Beweglichkeit.

Dieses Büchlein ist als erster Überblick gedacht - damit man danach weiterlernen kann!

Viel Spaß beim Lesen!

Ted

Zusammen entscheiden

Warum Konsent?

Wir alle kennen unterschiedliche Entscheidungs-methoden:

- autokratisch: eine/r entscheidet
- Mehrheitswahl: die Mehrheit entscheidet
- Konsensus: alle müssen zustimmen

Viele Gruppen kombinieren diese Methoden in ihren Prozessen, oft auch unbewusst.

Konsent ist die grundlegende Methode der Entscheidungs-findung in der Soziokratie. Konsent hat die meiste Ähnlichkeit mit Konsensus.*

*Gruppen verstehen "Konsensus" unterschiedlich, und manche benutzen es sogar genau wie Konsent.

Autokratisch

😀 klar wer entscheidet
😀 schnelle Entscheidungen
😐 verliert viel Information
😐 demotivierend

Mehrheitswahl

😀 einfach in großen Gruppen
😀 viele können gehört werden
😐 Minderheit wird ignoriert
😐 kann polarisieren

Konsensus

😀 Jede Stimme ist wichtig
😀 gesprächsintensiv
😐 kann lange dauern

Was ist also Konsent?

was ich will
(Präferenz)

womit ich auskommen kann
(Toleranzbereich)

} **Konsent**

womit ich nicht auskommen kann
(Einwand = der Vorschlag widerspricht dem Ziel des Kreises)

— **Einwand**

Wenn eine Gruppe ein Problem lösen will, kann es verschiedene Lösungsmöglichkeiten geben. Oft hat jedes Gruppenmitglied einen Favoriten - die Lieblingslösung. Aber in einer Gruppe können wir selten zusammen entscheiden und gleichzitig jedem Mitglied deren Lieblingslösung geben. Wenn jedes Mitgleich nur auf die eigene Idee pocht, kommt schlicht gar keine Entscheidunge zustande. Wenn wir aber unsere Optionen ausweiten und die Optionen im Toleranzbereich hinzunehmen, wir es einfacher.

Wenn jemand einen Einwand hat, muss der gehört und integriert werden, zum Beispiel indem wir den Vorschlag leicht verändern. Konsent ist erreicht, wenn jedes Mitglied wenigstens mit dem Vorschlag auskommen kann.

Ziele und der Toleranzbereich

Wenn wir zusammenarbeiten, haben wir ein Ziel. Dieses Ziel bestimmt, was im Sinne des Ziels "funktioniert" und was nicht funktioniert.

Zum Beispiel, wenn unser Ziel ist eine Veranstaltungshalle zu unterhalten und zu vermieten, dann würde jeder Vorschlag, der Feuerschutz gefährdet uns möglicherweise davon abhalten, unser Ziel zu erreichen, weil wir die Halle dann nicht mehr vermieten können. Bei solchen Vorschlägen muss man dann also einen Einwand vorbringen.

Diese Beispiel zeigt, wie wichtig es ist, ein Ziel zu definieren wo alle dahinterstehen. Das Ziel wir dann der Leitfaden um zu entscheiden, welche Entscheidungen akzeptierbar sind.

Einwände

Das kommt vielleicht unerwartet, aber Einwände in Soziokratie sind etwas Gutes! Ganz im Gegenteil - Einwände helfen uns Vorschläge besser zu machen und uns wirklich an unserem Ziel auszurichten.

Da das Ziel schließlich genau das ist, was wir wollen, muss also jeder Einwand unterstützt und sogar gefeiert werden!

Niemand kann eine Entscheidung blockieren, nur weil man den Vorschlag nicht mag. Wenn man einen Einwand vorbringt, hören wir in der Gruppe, auf welche Art und Weise der Vorschlag aus der Sicht des Mitglieds mit dem Einwand dem Ziel entgegenspricht. Dann können wir den Vorschlag gemeinsam verbessern.

Eine Entscheidung ist getroffen, wenn es keine Einwände gibt.

Jedes Kreismitglied kann einen Einwand bringen. Leute von außerhalb des Kreises können Feedback geben, eine Entscheidung aber nicht aufhalten. Das ist so, weil wir diejenigen als Entscheidungsträger*innen unterstützen, die auch die Verantwortung für die Aktivitäten des Kreises tragen - nur eine Meinung haben reicht nicht.

Der Konsentprozess

Um eine Entscheidung zu treffen, folgen wir 3 einfachen Schritten, so dass alle gehört werden und keine Missverständnisse entstehen.

Vorschlag verstehen
(vorstellen + Fragen beantworten)

→ **Meinungsrunde**
(eine Runde von Reaktionen)

→ **Konsent**
(alle fragen ob sie Konsent geben oder einen Einwand haben)

① Vorschlag versehen

Dieser Schritt ist einfach. Der Vorschlag wird vorgelesen (oder die Beteiligten lesen ihn selbst) und dann können alle Fragen stellen, um ihn gut zu verstehen. Suggestive Fragen sind hier fehl am Platz! Es geht darum, den Vorschlag als solchen zu begreifen.

Wenn es viele Fragen gibt, hilft eine Runde (eine*r nach dem*r anderen), damit alle ihre Frage stellen können.

Nicht alle Fragen sind vielleicht beantwortbar - in dem Fall kann man einfach zum nächsten Schritt gehen.

② Reaktionsrunde

Im nächsten Schritt gibt man allen die Gelegenheit zu sagen, was sie zu dem Vorschlag denken. Idealerweise macht man das auch in einer Runde reihum, so dass sich alle entspannt gegenseitig zuhören können.

Die Beteiligten können sagen, wie ihnen der Vorschlag gefällt oder Verbesserungsvorschläge geben. Eine Runde ist oft genug, da Einwände separat gehört werden.

Nach der Meinungsrunde kann man den Vorschlag nach Bedarf anpassen; dazu bittet die Person in der Moderation die Person, die den Vorschlag vorgebracht hat, die Kreisleitung oder jemand anderes.

Anmerkung: hier entgleitet der Prozess oft. Wenn zu viele Alternativen aufkommen, verwirrt das oft mehr. Die Person in der Moderation kann dann helfen zu filtern, was eingearbeitet wird - zu viele Köche verderben den Brei!

3 Konsent

Nun ist der Moment der Entscheidung. Jetzt hören wir von jedem Mitglied ob sie Konsent geben oder einen Einwand haben.

Man gibt Konsent, wenn man der Meinung ist, dass der Vorschlag "gut genug" im Sinne des Zieles des Kreises ist. Man gibt einen Einwand, wenn man meint (oder sicher ist), dass der Vorschlag sich negativ auswirken wird auf unsere Fähigkeit, unserem Ziel entgegen-zuarbeiten.

Man muss den Vorschlag nicht supertoll finden. Keinen Einwand zu haben reicht aus für den Konsent.

Konsent kann man schnell abfragen mit Handsignalen (Daumen hoch). Am klarsten ist aber immer noch reihum nach Konsent zu fragen.

Im Konsent gibt es keine Enthaltungen oder "formale" Bedenken. Wenn jemand zögert, ermutigen wir sie einen Einwand zu formulieren, . Einwände sind ja schließlich etwas Gutes, weil wir uns dann die Zeit nehmen, um den Vorschlag zu verbessern. Oft schrecken Leute vor Einwänden zurück - aber fundierte Bedenken zurückzuhalten (oder erst nach der Entscheidung aufzubringen) hilft ja nicht für gute Entscheidungen!

So können wir auch verhindern, dass Leute später unglücklich sind mit Entscheidungen, die getroffen wurden.

Einwände integrieren

Einwände sind das "Sicherheitsnetz", mit dem wir sicherstellen, dass Vorschläge tatsächlich ausreichend durchdacht sind.

Wenn jemand einen Einwand vorbringt, liefern sie damit neue, wertvolle Information.

In der Soziokratie gibt es dann drei Strategien, wie man den Einwand integrieren kann.

Vorschlag verändern
Was in dem Vorschlag kann angepasst werden, um dem negativen Effekt zu vermeiden?

Ausprobieren & evaluieren
Könnte man den Vorschlag vielleicht einfach für eine kurze Zeit ausprobieren, um zu sehen, was passiert? Vielleicht klappt es ja doch?!

Bedenken messbar machen
Wie können wir voranschreiten, aber heraus-finden, wenn doch etwas schief geht? Was können wir zählen, skalieren oder fragen, damit das so schnell wie möglich geht?

(Beispiele gibt es in unseren tiefergehenden Materialien)

Tipps

Der üblichste Fallstrick ist wenn Gruppen nach der Meinungsrunde stehenbleiben und sich im Kreis drehe - noch eine Meinungsrunde und noch eine. Viel zu oft weichen wir Einwänden aus und drehen an Vorschlägen herum, die vielleicht schon ausreichen, um voranzugehen. In diesen Fällen fragt man am besten einfach nach Konsent, denn dann weiß man Bescheid, ob der Vorschlag schon gut genug ist.

Ein weiteres Problem, das zu Spannungen führen kann ist, wenn man Fragen und Reaktionen oder Meinungen vermischt. Dann geht es durcheinander und weder Informationsfragen noch Meinungen werden gut gehört.

Nach der Meinungsrunde - selbst wenn es neue Ideen gibt - ist es auch total okay, beim ursprünglichen Vorschlag zu bleiben. Am Ende zählt, ob es Einwände gibt, nicht ob jede/r seine Lieblingsideen integrieren konnte. Tatsächlich erschweren zu viele neue Ideen den Prozess oft, so dass dann gar nichts mehr vorangeht. Ist es das wert?

Wer entscheidet was?
Kreise und Rollen

Kreise, Ziele, Domänen

Entscheidungen werden in der Soziokratie in Kreisen getroffen. Jeder Kreis trifft seine Entscheidungen selbst. Kreise haben normalerweise 4-8 Mitglieder.

Wie weiß man, welche Entscheidung von welchem Kreis getroffen wird? Das definieren wir in unserer Kreisstruktur. Die Kreisstruktur beinhaltet unsere Ziele und Domänen, und die Domäne eines Kreises bestimmt, welche Entscheidungen dort selbständig getroffen werden können - der Kreis muss niemanden um Erlaubnis fragen, wenn die Entscheidung in seiner Domäne ist.

Jeder Kreis hat auch ein Ziel: eine Beschreibung, was im Kreis praktisch getan wird. Ziel und Domäne kommen als Doppelpack: der Kreis bekommt Verantwortung aber auch die Befugnisse, um die Aktivitäten auszuführen und Entscheidungen zu treffen. Niemand wird "herumgeschickt", ohne auch die jeweiligen Befugnisse zu haben, die Arbeit selbst anzugehen.

Rollen des Kreises

Um effektiv zu sein, hat jeder Kreis bestimmte Rollen, die von Kreismitgliedern ausgeführt werden.

- Leitung - überschaut Kreisaktivitäten und stellt sicher, dass der Kreis vorankommt
- Moderation - moderiert Sitzungen
- Schriftführung - schreibt Protokolle und hält Dokumente in Ordnung
- Delegierte*r - repräsentiert den Kreis im übergeordneten Kreis

Es ist nicht ungewöhnlich, mehrere Rollen auf einmal zu haben, z.B. Leitung und Schriftführung. Der Kreis entscheidet, und oft verschieben sich diese Verteilungen über die Zeit.

Gruppen haben oft eigene Namen für diese Rollen, zum Beispiel Koordination, Protokollant*in, Facilitator, Admin, Repräsentant*in, etc.
Da kann man gerne kreativ sein, solange alle wissen, was gemeint ist.

Verknüpfung

Kreisleitung und Delegierte sind besondere Rollen, weil sie Kreise verknüpfen: sie sind Teil ihres Kreises, aber auch Teil des übergeordneten Kreises.

Nun sind also zwei Leute Teil von beiden Kreisen. Sie stellen sicher, dass Informationen in beide Richtungen fließen, dass beide Kreise gut zusammenarbeiten und aufeinander angepasst sind. Die beiden "Links" sind Vollmitglieder, d.h. sie können in beiden Kreisen Einwände vorbringen.

Manche sehen die Kreisleitung als Verbindung von "oben" nach unten, und die/den Delegieren als Verbindung von "unten" nach "oben".

(Aber "unten" und "oben" passen schlicht nicht gut zu diesen neuen Organisationsformen.)

Der Koordinationskreis

In der Mitte der Organisation ist der Koordinationskreis (oder Allgemeiner Kreis). Der Koordinationskreis besteht aus Leitung und Delegierten von allen Hauptkreisen.

Die Aufgabe des Koordinationskreises ist sicherzustellen, dass alle Hauptkreise haben, was sie brauchen, dass ihre Ziele und Domänen klar definiert sind und alles gut vorangeht.

Der Koordinationskreis entscheidet selten Sachinhalte. Stattdessen entscheidet der Koordinationskreis, WER eine Sachentscheidung trifft (falls das unklar ist). Eine Entscheidung, die in einem Kreis getroffen wurde, kann also nicht vom Koordinationskreis "ausgehebelt" oder überstimmt werden.

Kreisstruktur

Das System von verschachtelten Kreisen und verknüpfenden Rollen bildet eine Struktur, in der:

- ... es klar ist, wo Entscheidungen getroffen werden. Kreise sind autonom in ihrer Domäne.
- ... Informationen gut zwischen Kreisen fließen. Übergaben zwischen Rollen in Kreisen können wie nötig kleinräumig definiert werden.
- ... Kreise miteinander abgestimmt sind, weil Ziele und Domänen zwischen Kreisen im Konsent entschieden werden.
- ... Kreise ihr eigenes Supportsystem nahe um sich herum haben.
- ... die Kreisstruktur wachsen und sich abpassen kann, wenn mehr Aktivitäten gebraucht werden.

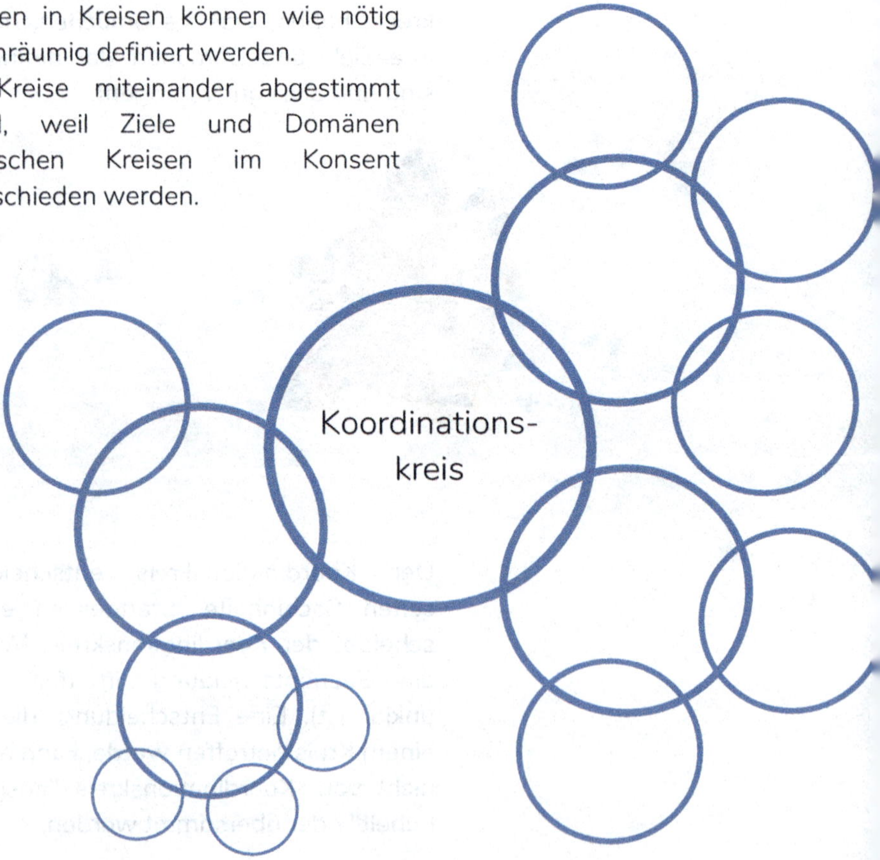

Operative Rollen

Kreise sind für Aktivitäten in ihrer Domäne zuständig. Die Aktivitäten werden normalerweise von Kreismitgliedern ausgeführt.

Um weiter zu differenzieren, wer was tut in einem Kreis, kann ein Kreis beliebig Aktivitäten bündeln un in Rollen definieren. Dazu wird schlicht ein Vorschlag im Kreis gebraucht, der im Konsent angenommen wird, und dann existiert die Rolle und kann von jemandem übernommen.

Zum Beispiel, ein Kreis "Social Media" trifft Entscheidungen zum Thema Soziale Medien zusammen. Aber dann werden individuelle Rollen pro Plattform definiert, wo dann Rolleninhaber die Entscheidungen auf der Plattform konkret ausführen.

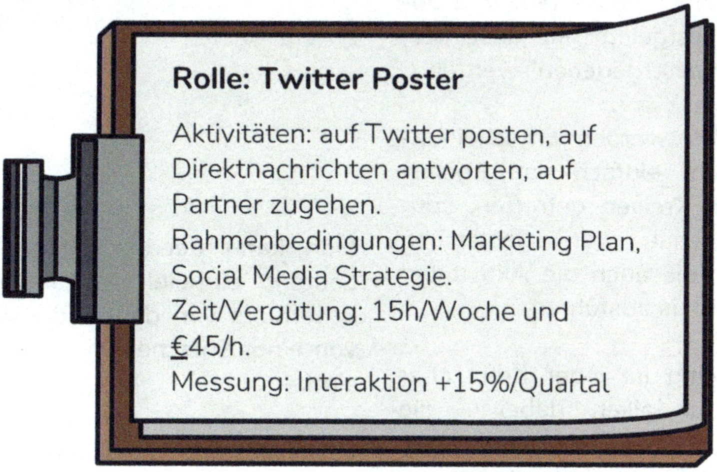

Es ist nicht unüblich, dass ein Kreismitglied mehrer Rollen innehat, zum Beispiel ein Mitglied könnte im Kreis Soziale Medien sein und im Marketingkreis. Im Kreis Marketingkreis könnte die Person die Leitung haben und im Kreis Soziale Medien die Rolle des Twitter posters.. Außerdem könnte die Person Moderation im Kreis Soziale Medien haben - ein Mix aus Prozess-orientieren und operativen Rollen.

Wie Informationen transparent fließen

Entscheidungen in Soziokratie sind dezentral! Zum Beispiel könnte es gut sein, dass ein Mitgliedschaftkreis eine Unter-unter-unter-Kreis irgendwo ist und dennoch die Autorität hat, den Mitgliedsbeitrag für alle Mitglieder festzulegen, der für alle verbindlich ist - je nach Domäne.

Das funktioniert ohne Chaos, weil es ein klares Muster gibt, wie Domänen festgelegt und an Unterkreise "weitergegeben" werden.

Zusätzlich werden Entscheidungen nicht einfach von irgendwelchen Kreisen getroffen, sondern genau von denjenigen Kreisen, die auch die Aktivitäten in dem Kreis ausführen.

Gleichzeitig ist jeder Kreis aber nicht nur allein dabei - die Erwartung ist, dass jeder Kreis aktiv Feedback von Leuten in der gesamten Organisation einholt - je nachdem, wie das angemessen scheint. So können wir sicherstellen, dass nicht nur Kreise und über- und untergeordnete Kreise miteinander abgestimmt sind, sondern alles mit allem.

Man kann Feedback von viele Leuten einholen, idealerweise besonders von denen, die direkt von einer Entscheidung betroffen sind.

Dann arbeitet man die gewonnen Informationen im Kreis in die Entscheidungsfindung ein.

Der Missionskreis

Der Koordinationskreis ist normalerweise ausgelastet mit dem Tagesgeschehen. Aber man muss in einer Organisation auch langfristig denken.

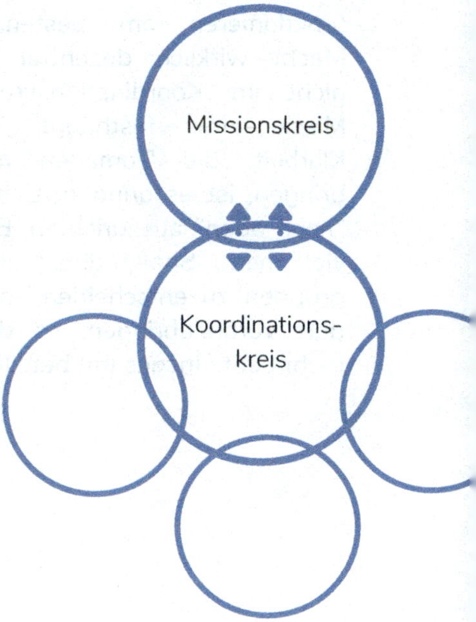

Um das sicherzustellen richtet man in der Soziokratie einen Missionskreis ein, der sein Augenmerk auf die Mission der Organisation legt. Sind wir auf dem richtigen Weg? (Man kann den Missionskreis natürlich auch anders nennen! Denkt each was aus! Z.B. kann es der Vorstand sein oder ein Rat der Weisen.)

Der Missionskreis hat typischerweise Mitglieder der Organisation als Kreismitglieder, aber auch Leute von außerhalb - mehr neue Ideen sind immer gut, und nicht nur der eigene Saft!

Wie üblich ist der Missionskreis doppelt verknüpft. Die Kreisleitung plus ein*e Delegierte*r kommen vom des Koordinationskreis in den Missionskreis.

Tipps

Kreisstrukturen in Soziokratie funktionieren am besten, wenn Macht wirklich dezentral ist und nicht im Koordinationskreis oder Missionskreis festhängt. Mit der Klarheit, die Domänen mit sich bringen, ist es unnötig, sich dauern "nach oben" auszurichten. Es macht viel mehr Spaß, direkt in Kleingruppen zu entscheiden und Dinge dort voranzubringen, so dass viel mehr Leute insgesamt beteiligt sind.

Eine Herausforderung in dezentralen Organisationen ist, dass der Informationsfluss sichergestellt werden muss - sonst wird es chaotisch und frustrierend. Verbales und kurze schriftliches Berichte, die Rollen der Verknüpfungen, allgemein zugängliche Protokolle und proaktive Prozesse lassen alles zusammenpassen.

Junge Organisationen formen oft schnell zu viele Kreise und fühlen sich dann überfordert. Oder sie formen zu wenige Kreise und reden dann mit allen über alles in einer großen Gruppe. Das macht niemandem Spaß!

Die richtige Passung für den gegenwärtigen Moment zu finden ist nicht immer einfach, aber das beste Erfolgsrezept, damit jeder Kreis sich auf sein Vorankommen konzentrieren kann.

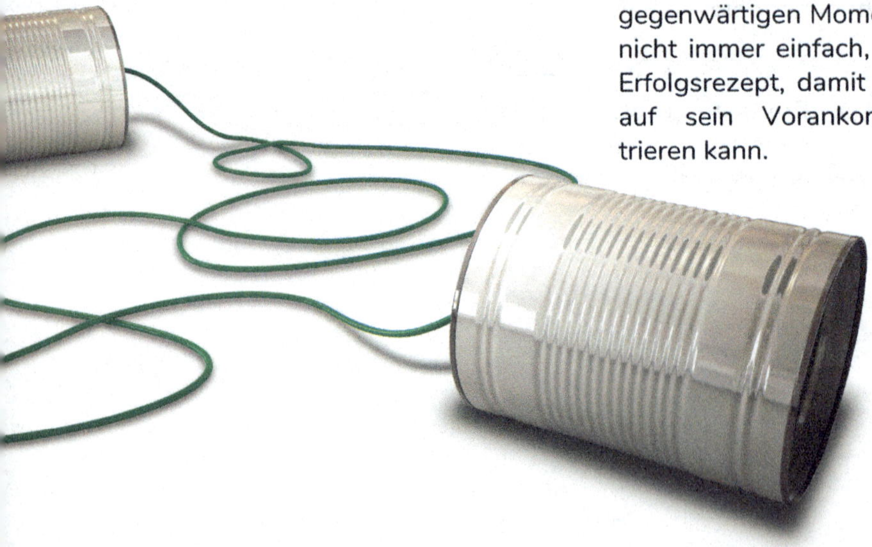

Die Offene Wahl

Die Offene Wahl

Die Offene Wahl ist ein Auswahlprozess. Am häufigsten wird er verwendet, um Leute in Rollen zu wählen. (Andere Verwendungsweisen für den Prozess werden später angesprochen.)

Um Leute für Rollen auswählen, muss die Rolle definiert sein - genau wie man sich nur darüber unterhalten kann, was am besten in eine Box passt, wenn man die Box hat.

Warum wählen wir nicht einfach?

Wir sind es gewohnt zu wählen und es normal zu finden, dass die Mehrheit entscheidet, wer gewählt ist. Allerdings kann es leicht passieren, dass jemand die meisten Stimmen hat, weil sich die Stimmen für die Alternative, Kandidat*in 2 und 3, aufgespalten haben. Dann wird das Bild verzerrt.

Oder es könnte passieren, dass jemand gewählt, der viele Stimmen bekommen hat aber sehr umstritten ist. Eine zweite kandidierende Person wäre möglicherweise für alle Wahlberechtigten akzeptabel gewesen.

Besondere Wahlsystem können das System verbessern, aber es bleibt eine Wahl.

Wahlen haben oft den Effekt, dass Stimmen und Wähler polarisiert werden und man in ein Muster von "Hauptsache gewinnen" verfällt.

Der soziokratische Prozess hingegen, belohnt Zusammenarbeit, nuanciertere Positionen und Balance.

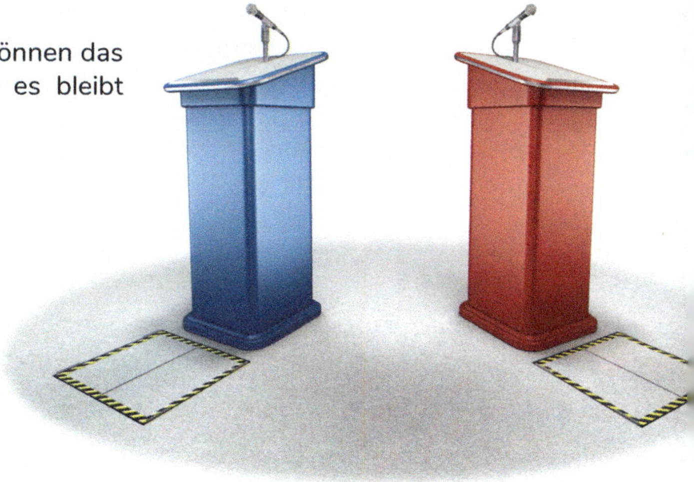

Drei Phasen

Die Offene Wahl ist ein einfacher Prozess mit 3 Phasen:

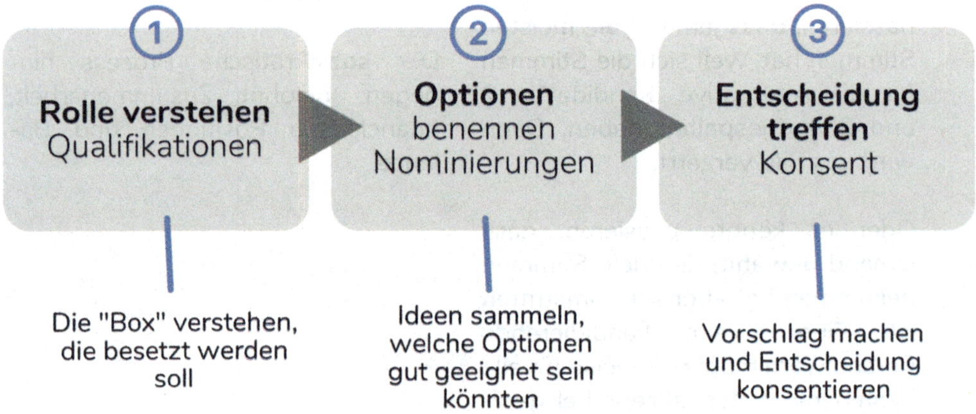

1 Rolle verstehen

Welche Rolle versuchen wir zu besetzen?

- Falls es eine Rollenbeschreibung gibt, stellt man sie vor damit sie gut verstanden wird.
- Falls es (noch) keine Rollenbeschreibung gibt (zB. für Moderation; oder für entstehende Rollen), kann man die Rolle auch verbal beschreiben.

Wir machen eine Liste von Qualifikationen, die wir für eine*n Rolleninhaber*in wichtig finden würden. Im Konsent stellen wir sicher, dass alle mit der Liste einverstanden sind.

2 Optionen benennen

Wer könnte die Rolle gut ausfüllen?

Nominierung
Alle Kreismitglieder denken kurz nach, wen sie nominieren wollen. Man kann auch sich selbst nominieren!

Nominierungsrunde
Jeder nominiert nun in einer Runde eine Person für die Rolle.

Veränderungsrunde (2. Runde)
In einer zweiten Runde können alle ihre Nominierung verändern

3 Vorschlag und Entscheidung treffen

Basierend auf den Ideen in den Nominierungen schlägt die Person in der Gesprächsleitung nun einen Kandidaten vor. (Alternative kann die Gesprächsleitung ein anderes, konkretes Kreismitglied bitten, einen Vorschlag zu machen.) Teil des Vorschlages ist, wie lang der Kandidat die Rolle innehaben wird.

Der Kreis schaut nun in einer Konsentrunde ob alle Kreismitglieder dem Kandidat*innen ihren Konsent geben. Wenn es keinen Einwand gibt, ist die Person nun gewählt.
Falls es Einwände gibt, werden sie wie immer integriert.

Typische Einwände in einer offenen Wahl
Es jede Menge kreativer Lösungen!

- "XX hat nicht genug Erfahrung für die Rolle"
  - bezahlt der Person ein Training!
  - lasst die Person die Rolle trotzdem für eine kurze Zeit ausprobieren
  - wechselt zu einem anderen Kandidaten
- "XX hat nicht genug Zeit"
  - trotzdem für eine Zeit ausprobieren
  - andere Rollen abgeben um Zeit zu schaffen
  - die Rollenbeschreibung verändern/umverteilen, damit weniger Belastung auf der Rolle ist

Was nicht so leicht ist...

Die meisten Personen mögen den Prozess, weil man so positives Feedback bekommt. Man hört oft Anerkennung.

Für manche Leute ist es aber unangenehm, sogar gutes Feedback zu geben oder zu hören, weil es ungewohnt ist, direkt mit anderen über Leute im Raum zu reden.

Andere mögen vielleicht bemerken, dass sie dauernd oder nie nominiert werden.

In unserer Erfahrung gewöhnen sich alle über die Zeit an die Prozesse und finden sich gut zurecht.

Wahlprozess außerhalb der Rollenwahl

Rollen und Personen sind nicht die einzige Möglichkeit, den Auswahlprozess zu nutzen. Er kann für jede Situation verwendet werden, in der wir unter möglichen Optionen wählen müssen.

Den Auswahlprozess kannst du z.B. für die Auswahl nutzen:

- eines Themas/Veranstaltungsortes für Konferenzen
- eines Geldbetrags zum Spenden oder eines Betrags für ein bestimmtes Angebot
- eines Buches, das im Buchclub gelesen wird
- von Aktivitäten in einem bestimmten Zeitfenster

Die Qualifikationen in diesen Fällen sind anders als für die Rollenwahl. Zum Beispiel: "mit öffentlichen Verkehrsmitteln erreichbar", "bezahlbar", "Thema soziale Gerechtigkeit" oder "für alle Altersgruppen geeignet".

Du kannst den Auswahlprozess auch nutzen, um Themen von Prioritäten auszuwählen!

Tipps und Anregungen

Im Rahmen von Nominierungen, werden manchmal Dinge gesagt, wie "Also, ich werde nicht die Leitung sein, weil ich zu schlecht dafür bin." Das ist traurig und kann Türen zu früh verschließen. Wir haben viele Menschen erlebt, die in der Lage und bereit sind, eine Führungsposition zu übernehmen, wenn sie aus guten Gründen nominiert und bestätigt werden.

Um zu vermeiden, dass Menschen sich selbst zu früh aus der Auswahl herausnehmen, ermutigen wir die Beteiligten, darüber zu sprechen, wen sie nominieren, und nicht, wen sie nicht nominieren.

Bessere Meetings - mit Soziokratie

Was ist ein 'gutes' Meeting?

Vielen graut es vor Meetings. Sitzungen dauern zu lange, sind oft frustrierend und langsam.

Aber es muss nicht so sein. Soziokratische Meetings gehen oft schneller voran und sie sind effizienter als "normale" Meetings - und sie können angenehmer sein. Dieses kleine Buch gibt einen Überblick über die verschiedenen Prozesse, die das möglich machen.

Ein gutes Meeting...

- ... ist effizient und bringt uns voran. Es schafft Klarheit, damit Arbeit innerhalb eines angemessen Zeitrahmens geschehen kann.
- ... stärkt das Team, baut Vertrauen auf und psycho-logische Sicherheit.
- ... stellt sicher, dass alle Stimmen im Raum gehört werden.

Ablauf eines Meetings

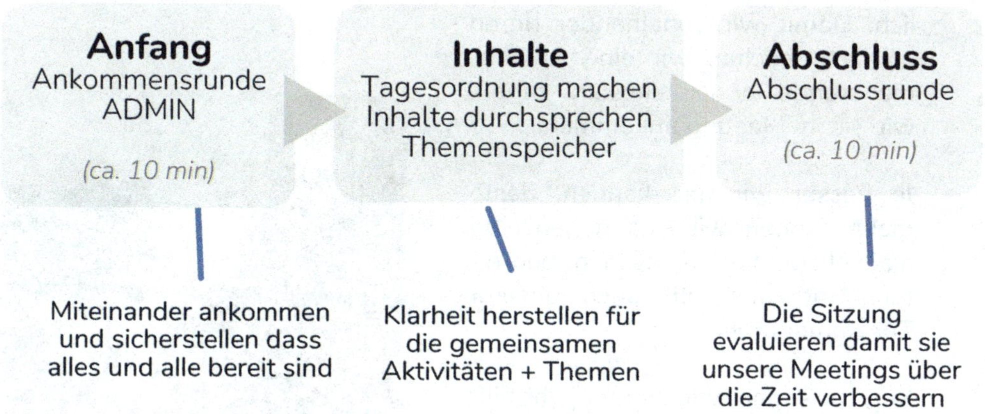

Anfang: Ankommensrunde

Wir beginnen Sitzungen miteinander, als Mitmenschen. Wir lassen alle ankommen, äußerlich und innerlich. Damit wir voneinander hören können, machen wir eine Ankommensrunde in der alle kurz sagen, wie sie im Meeting ankommen.

Je besser wir uns kennen, desto mehr können wir uns gegenseitig als vollständige Menschen begreifen. Und das hilft auch unserer Zusammenarbeit.

Kurz zu sagen, wie es uns geht hilft auch anzuerkennen, dass unser Verhalten im Meeting möglicherweise von unserem Allgemeinzustand beeinflusst werden könnte - das kann zu mehr Selbstverantwortung führen.

Anfang: ADMIN

Wir können sicherstellen, dass alles und alle bereit sind, indem wir nach der Ankommensrunde ganz kurz ein paar Standardfragen abhaken.

- **A**nwesenheit. Alle da? Wer fehlt? Alle prozessorientierte Rollen anwesend?
- **D**auer. Wie lange geht dieses Meeting? Muss jemand früher gehen?
- **M**itschrift. Wurden die alten Protokolle gelesen, abgelegt?
- **I**nformation. Gibt es Ankündigungen?
- **N**ächstes Treffen. Wann ist das nächste Meeting? Falls nicht, wissen wie wir es festlegen (und wer die Terminfindung voranbringt?)

Inhalte: Agenda zustimmen

Bevor wir in unsere Themen einsteigen können, nehmen wir die vorbereitete Agenda im Konsent an. Das beinhaltet worüber wir sprechen, wie lange (ungefähr) und mit welchem Ziel.

Falls jemand eine Agenda vorbereitet hat, schauen wir uns die kurz an damit alle wissen, zu was sie Zustimmung geben. Falls keine Agenda existiert, stellen wir eine zusammen.

Falls es Einwände zur Agenda gibt, integrieren wir die wie üblich.

- Prozess: die vorbereitete Agenda vorstellen und mögliche Fragen beantworten
- Alle geben Konsent - oder Einwände.

Dann geht es los!

Mögliche Einwände

- "XYZ muss früher gehen. Können wir die Reihenfolge umdrehen, damit sie da sein kann für das letzte Thema? "
- "Diese Tagesordnung ist zu voll für ein Meeting - wir müssen Prioritäten setzen."
- "Dieses Thema ist nicht in unserer Domäne."

Inhalte: Themen

Nun ist es Zeit für Inhalte!

- In Berichten teilt jemand Information mit den anderem im Kreis. Wir geben Zeit für Fragen, damit wir sicher sein können, dass alle Kreismitglieder alles verstanden haben.
- Erkunden. In diesen Tagesordnungspunkten gibt es oft eine Frage oder ein zu lösendes Problem. Gemeinsam erarbeiten wir mögliche Lösungsideen oder teilen einfach unsere Reaktionen miteinander. Manchmal ist das alles, was gebraucht ist.
- Wenn eine Entscheidung benötigt wird, treffen wir diese im Konsent. Das bedeutet, dass eine Entscheidung getroffen ist, wenn kein Kreismitglied einen Einwand hat.

Runden. In einem soziokratischen Meeting fällt Besuchern ziemlich schnell auf: Es wird in Runden gesprochen, eine Person nach der anderen. Warum ist das so? Ganz einfach:

- So werden alle gehört!
- Diejenigen, die nicht dran sind, hören besser zu, statt andere zu unterbrechen.
- Wir sind uns immer darüber im Klaren, worüber wir gerade eigentlich sprechen!

Inhalte: Themenspeicher

Oft kommen in einem Meeting neue Themen auf. Wir konzentrieren uns auf das aktuelle Thema, wollen aber das neue Thema nicht verlieren und schreiben es daher in unseren Themenspeicher.

Den Themenspeicher kann man dann benutzen um die Agenda für zukünftige Meetings zu planen. Auf diese Art und Weise folgen wir immer einem roten Faden und behalten unser Ziel im Blick.

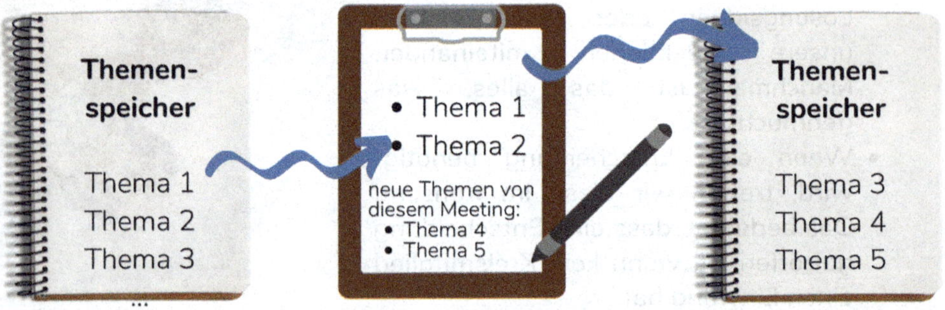

Abschluss: Abschlussrunde Evaluierung

Zu oft verdrehen Leute einfach die Augen, tragen aber nicht dazu bei, dass sich etwas verbessert! Es ist verständlich, dass Feedback manchmal schwierig vorzutragen ist, aber das Problem ist: wenn man nie etwas sagt, ändert sich nie etwas!

Wir können unsere Meetings verbessern - und unsere Kollaboration überhaupt - wenn wir eine konstruktive Feedback-Kultur schaffen. Evaluierungsrunden sind eine gute Gelegenheit. Alle Kreismitglieder sprechen reihum und tragen so zur Verbesserung bei.

Das kann man kommentieren:

- **Prozess:** Zeitmanagement, Runden, ...
- **Inhalte des meetings:** Mit welcher Entscheidung wir wir besonders zufrieden (oder nicht)?
- **Zwischenmenschliche Dynamiken:** Wie verbunden fühlen wir uns miteinander auf einer menschlichen Ebene? Was muss gesagt werden, damit wie das Meeting mit Integrität abschließen können?

Agendaplanung

Ein Meeting kann ohne vorher vorbereitete Tagesordnung funktionieren, solange die Gruppe gut darin ist, gemeinsam einen Plan zu entwerfen, bevor sie einsteigen.

Eine sorgfältig vorbereitete Agenda kann dabei helfen, mit mehr Intentionalität durch unsere Themen zu gehen. Es dauert nur wenige Minuten, bringt uns aber viel Zeitersparnis und Fokus!

Der Agenda-Vorschlag wird oft vor der Gesprächsleitung und/ oder Kreisleitung vorbereitet, und stellt Themen vom Themenspeicher zusammen und bringt sie in eine eine Reihenfolge. Dann kann der Kreis den Vorschlag so annehmen oder bei Bedarf modifizieren.

Falls wir mitten in der Sitzung merken, dass wir unseren Plan ändern müssen, weil etwas nicht wie geplant besprochen werden kann (wir z.B. überziehen), dann können wir die Agenda jederzeit im Konsent ändern.

Klarheit herstellen mit Vorschlägen

Vorschläge Co-kreieren

Einer der schönsten Momente ist, wenn eine Gruppe ein komplexes Thema angeht und löst - dabei gut zuhört und alle Ideen in einem Vorschlag zusammenschmelzen und der Vorschlag direkt so angenommen werden kann.

Vorschläge sind eine gute Art und Weise, unsere Energy und Aufmerksamkeit auf ein konkrete Problem zu lenken und es mit nötigen Detail zu lösen. Klarheit und spezifische, konkrete Vorschläge machen es einfach, diese auch auszuführen. Ohne einen Vorschlag auf dem Tisch reden wir manchmal nur herum, kommen aber oft nicht weiter.

Wo kommen Vorschläge her?

In unserer Erfahrung sind vom Kreis gemeinsam geschriebene Vorschläge oft am besten. Alle stecken ihre Köpfe zusammen, und das Resultat ist eine Mischung aus allen guten Ideen.

In manchen Situation kann es allerdings am einfachsten sein, wenn eine Person sich schlicht hinsetzt und einen Vorschlag aufsetzt. Dann geht der Vorschlag so an den Kreis, und der Kreis liest, kommentiert und verabschiedet den Vorschlag dann im Konsent.

Wenn "nur" eine Person oder ein Kreis einen Vorschlag schreibt, hat es sich bewährt, oft und von einem weiten Umfeld nach Anregungen zu fragen, gerne auch mehrfach in verschiedenen Phasen.

Zusammen Vorschläge erarbeiten

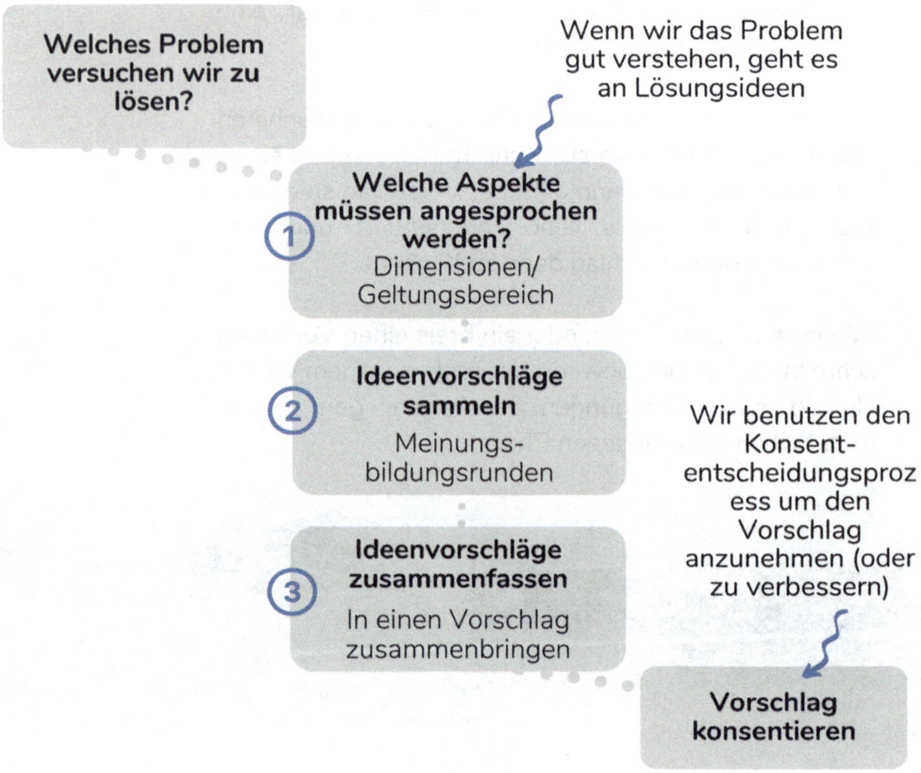

① Geltungsbereich verstehen: Dimensionen

Dimensionen

Was machen wir zum Thema...

- verschiedene Mitgliedsarten
- Mitgliedsbeiträge
- Aufnahmeprozesse
- Wer kann ein Mitglied werden?
- ...

Wenn eine Gruppe Ideen sammeln will, kommen sie oft vom Hundertsten ins Tausendste.

Um bessere Vorschläge zu kreieren, beginnen wir erstmal mit einer Liste, die nur die Dimensionen sammelt, die überhaupt angesprochen werden müssen. Sie fungieren dann wie Überschriften für den nächsten Schritt.

Zum Beispiel, wenn wir eine Richtlinie zum Thema Mitgliedschaft machen wollen, haben wir vermutlich eine Liste, wie man sie links sieht.

② Ideen sammeln

Der nächste Schritt ist spezifische Ideen zu sammeln, idealerweise etwas zu jeder Dimension.

Dimensionen	**Vorschlagsideen**
Was machen wir zum Thema...	Ich finde wir sollten...
• verschiedene Mitgliedsarten	• aktive und inaktive Mitflieder erlauben
• Mitgliedsbeiträge	• € 100 Mitgliedsbeitrag verlangen
• Aufnahmeprozesse	• Aufnahmeprozee: Leitbild und Kodex abzeichnen; Mitglieds-formular ausfüllen
• Wer kann ein Mitglied werden?	• nur Leute im Landkreis können beitreten
• ...	

Es ist ok, wenn sich Vorschlagsideen widersprechen oder aufeinander aufbauen. Am besten nicht in ein Hin und Her kommen sondern einfach sammeln.

③ Vorschlagsideen zusammenführen

Dimensionen	**Vorschlagsideen**	**Vorschlag**
Was machen wir zum Thema... • verschiedene Mitgliedsarten • Mitgliedsbeiträge • Aufnahmeprozesse • Wer kann ein Mitglied werden? • ...	Ich finde wir sollten... • aktive und inaktive Mitflieder erlauben • € 100 Mitgliedsbeitrag verlangen • Aufnahmeprozee: Leitbild und Kodex abzeichnen; Mitglieds-formular ausfüllen • nur Leute im Landkreis können beitreten	Es gibt 2 Mitglieds-kategorien: aktive und inaktive Mitglieder. Der Mitgliedsbeitrag ist €100 pro Jahr. Alle Mitglieder müssen im Landkreis wohnhaft sein. Um einzutreten muss ein neues Mitglied den Kodex und das Leitbild abzeichnen und das Mitgliederformular ausfüllen.

Eine Person oder eine kleine Gruppe bringt die Vorschlagsideen in einen Vorschlag.

Der Vorschlag kann nun auf Konsent geprüft werden!

Rollenbeschreibungen

Wie vorher angemerkt sind Rollen gebündelte Aufgaben die normalerweise von einer einzigen Person regelmäßig ausgeführt werden. Eine Rollenbeschreibung legt dar, welche Aufgaben und Verantwortlichkeiten Teil der Rolle sind.

Rollen können sich auf die Kreisinternen Prozesss beziehen (wie Kreismoderation) oder auf die gemeinsame Arbeit des Kreises (z.B. Mitgliedsverwaltung).

Typischerweise wird eine Rollenbeschreibung von einem Kreis geschrieben und angenommen. Dann wird eine Person in die Rolle gewählt, üblicherweise mit dem Prozess der offenen Wahl.

Wir haben hier eine Rolle wie eine 'Box' beschrieben, die mit einer Person "gefüllt" oder besetzt wird. Manchmal beschreiben wir Rollen auch als Hüte, die man für eine gewisse Zeit trägt.

Rollenbeschreibungen entwerfen

Rollenbeschreibungen kann man genau wie andere Vorschläge schreiben - es ist bloß einfacher weil die Dimensionen oft gleich sind:

Dimensionen

Was sagen wir zum Thema...

- Tätigkeiten
- Vergütung?
- Stunden pro Woche
- Metriken
- Workflows/Leitlinien
- ...

Vorschlagsideen

Ich finde, wer die Rolle innehat sollte

- Neue Mitglieder aufnehmen und sicherstellen, dass alle Dokumente abgezeichnet sind; auf neue Mitglieder zugehen
- €25/h
- 10h/Woche
- Ziel: 10 neue Mitglieder/Woche
- Aufnahme-Workflow, Mitgliedsleitlinien

Leute können gerne unterschiedliche Vorschläge vorbringen. sie werden dann wie üblich so gut wie möglich unter einen Hut gebrach, damit wir mit einem Vorschlag aus einem Guss in den Konsententscheidungsprozess gehen können.

Tipps

Hier ist ein typischer und gut funktionierender Ablauf:

- Meeting #1: ein Thema kommt auf und wir bringen unsere Einschätzungen und Ideen zusammen, damit wir das Problem gut verstehen.
- Meeting #2: wir sammeln erst Dimensionen und dann Vorschlagsideen.
- Zwischen Meeting #2 und #3 schreibt jemand aus den Ideen einen Vorschlag zusammen.
- Meeting #3: wir benutzen den Konsententscheidungsprozess, um zu eine Entscheidung zu kommen. (Vorschlag vorstellen, Meinungsrunde, Konsent)

Mit diesem Ablauf hat jedes Kreismitglied genug Zeit, sich Gedanken zu machen. Die Zeit im Meeting und zwischen den Sitzungen wird gut ausgenutzt. Natürlich kann man auch alles in einer Sitzung machen!

Schritt-für-Schritt macht Dir Spaß? Das Buch Who Decides Who Decides könnte was für dich sein - alle darüber wie man Schritt für Schritt eine neue Gruppe gründet.
(bisher nur auf Englisch)

Feedback und Impulse für Verbesserungen

Feedback und Entwicklung

Wir kommen in Organisationen zusammen, weil wir gemeinsam einem Ziel entgegenarbeiten wollen, das uns wichtig ist. Das lohnt sich natürlich nur, wenn unsere Arbeit auch Ergebnisse zeigt!

Unsere Ziele ernst zu nehmen bedeutet auch ernstzunehmen, was wir tun, um dorthin zu kommen. Wir können nur herausfinden, ob was wir tun klappt, wenn wir es anschauen und auswerten.

Das trifft auf verschiedenen Ebenen zu:

- auf dem kleinsten Level, wenn wir evaluieren, wie ein Meeting heute lief
- Projektauswertungen, z.B. nach einem Event
- in Mitarbeitendengesprächen für Leute in Rollen, z.B. nach einem Jahr in der Rolle
- eine Evaluierung unserer Ziele alle paar Jahre, um zu schauen, ob sie noch relevant sind

Warum ist Feedback wichtig?

Sogar nicht dem besten Plan klappt nicht immer alles genauso wie es uns vorstellt haben. Je unsteter und komplexer unser Gegebenheiten werden, desto schwieriger wird es auch, jedes Detail zu vorauszuplanen.

Konsententscheidung sind pragmatisch und gut geeignet, schnell eine Entscheidung zu treffen, damit wir etwas ausprobieren können. Nur wenn wir etwas wirklich ausprobieren, können wir herausfinden, wie es sich in der Realität bewährt (statt uns in Hypothesen zu verrennen).

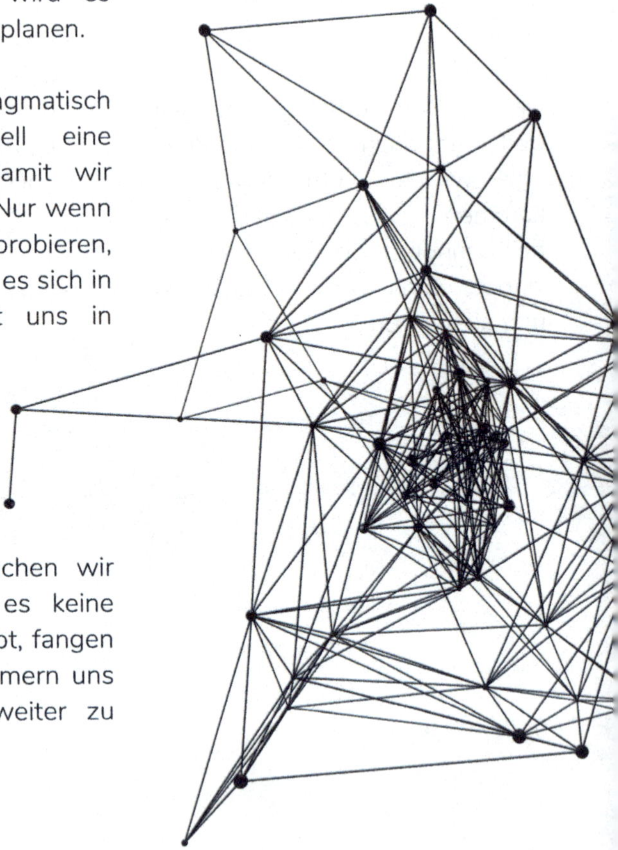

Konsent sucht etwas, das "ausreicht" oder "gut genug" ist, aber wir bleiben nicht da stehen. Das ist nur für den Anfang - von da an versuchen wir weiter zu verbessern. Da es keine Gewissheit für die Zukunft gibt, fangen wir einfach mal an und kümmern uns lieber darum, uns immer weiter zu verbessern.
Feedback ist daher essentiell.

Planen - ausführen - messen

Soziokratie benutzt einen bewährten Ablauf:

1. Plan machen
2. Plan umsetzen
3. Resultate auswerten

Viele Gruppen und Organisationen sind super darin, Pläne zu machen und zu verfolgen, verwenden aber viel zu wenig Zeit mit der Auswertung ihrer Ergebnisse und lernen daher nicht genug.

Das ist sonst wie mit geschlossenen Augen herumzulaufen!

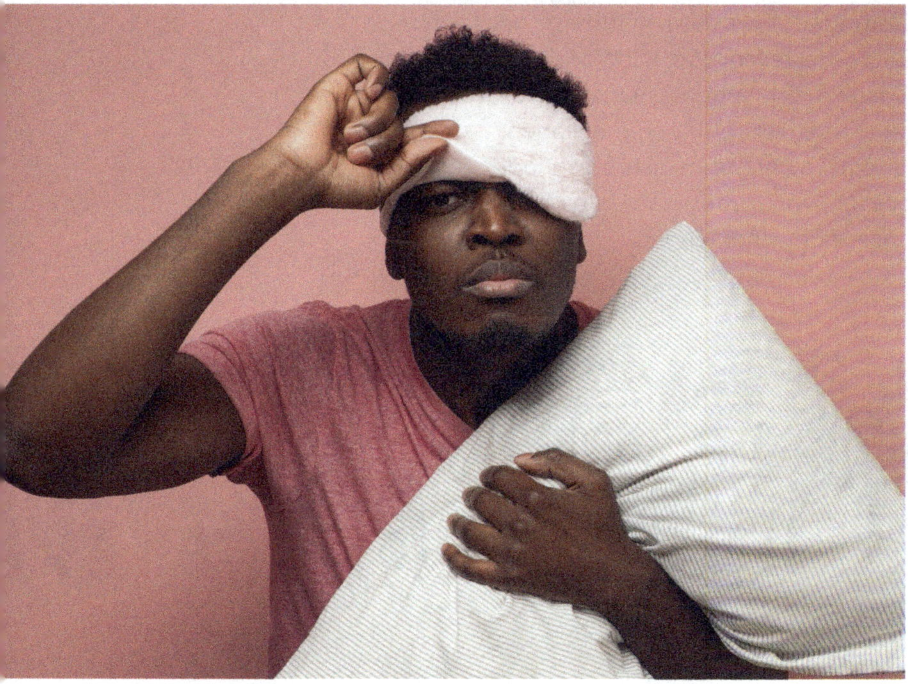

Feedback vs. Entscheidungsträger

In der Soziokratie versuchen wir Gruppengrößen klein zu halten, 4-8 Personen. Diese Kreismitglieder sind die Entscheidungsträger*innen in der Domäne ihres Kreises. Aber das bedeutet nicht, dass nur diese 4-8 Leute ihre Ideen in die Entscheidung eingeben können. Wenn ein Kreis sich wirklich darum kümmert, Ideen von außerhalb des Kreises zu hören, kann er möglicherweise hunderte von Ideen anhören.

Feedback kommt in vielen Formen. Man kann Umfragen machen, frühe oder fertige Entwürfe teilen und nach Meinungen fragen, Gäste zu Sitzungen einladen, eine Gruppe von Interessenvertretungen einladen, oder in einem Onlineforum schreiben oder lesen. Je besser wir zuhören, desto besser werden unsere Entscheidungen.

Gute Gelegenheiten für Feedback

Im Alltag ist es einfach, Rückblicke und Evaluierungen zu überspringen, weil wir schließlich beschäftigt sind.

Um unsere Eigenverantwortung zu stärken, baut Soziokratie "Feedback-Gelegenheiten" ins System ein so dass Feedback "halt einfach dazugehört".

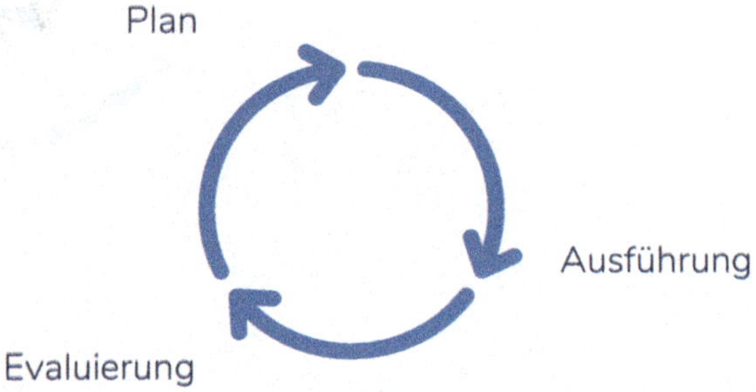

- Evaluierungen am Ende jedes Meetings
- Grundsatzentscheidungen, Abläufe und Rollenbeschreibungen werden regelmäßig nach ihrer Laufzeit ausgewerten und ggf. verbessert. Laufzeiten sind standard für alle Entscheidungen.
- Auswertungen für Personen in Rollen
- Offene Wahl mit Feedback für Nominierungen
- Revision von Zielen

Kreisverantwortung

Alle verschiedenen Teile des Feedback-Zyklus hängt von Eigenverantwortung ab. Zum Beispiel, wenn wir einen Einwand integrieren, indem wir versprechen eine Entscheidung in 4 Wochen zu überdenken, dann dürfen wir das nicht einfach vergessen. Daten, Werte, Nachbereitung... alles das muss auch wirklich verfolgt und gemacht werden. Verantwortlichkeit ist daher wichtig für die Kultur und das Vertrauen in der Organisation - und hängt stark davon ab, wie gut wir darin, etwas verlässlich zu Ende zu bringen. Gute Systeme helfen dabei.

Persönliches Feedback

Wie wichtig Feedback ist überträgt sich auch auf Zwischenmenschliches. Sehen wir uns als Beispiel an, was passiert wenn jemand die Angewohnheit hat, sehr schnell zu sprechen. Angekommen, diese Person arbeitet mit jemandem der schwerhörig ist. Zwischen diesen beiden Person kann leicht Information verloren gehen!

Es geht hierbei nicht darum, wer daran nun "schuld" ist - meistens haben alle Seiten einen Teil daran, wenn Sachen danebengehen. Das wichtigste ist gemeinsam zu schauen, was passiert ist und wie man es verbessern kann.

Soziokratie schreibt nicht vor, wie genau man kommunizieren 'soll'. Aber es ist sicher, je besser man kommuniziert, desto effektiver wird unsere Zusammenarbeit logischerweise - denn so wird es wahrscheinlicher, dass wir uns gegenseitig verstehen. Wen wir mit Vorwürfen um uns werfen, hören die meisten einfach nicht mehr zu.

Rollen und Kreise evaluieren

Soziokratische Entwicklungsgespräche helfen uns dabei, bewusst und geplant gutes Feedback zu einer Person in einer Rolle zu geben.

Für ein Entwicklungsgespräch wird ein Kreis zusammengestellt, so dass wir ein facettenreiches Bild bekommen. Wir sammeln Feedback und Ideen; am Schluss müssen alle, inklusive der Person, die evaluiert wird, den Entwicklungsplan im Konsent akzeptieren.

Weitere Prozesse

- Entwicklungsgespräche für ganze Teams. Der Prozess ist der gleiche; nur dass der Fokus auf dem Kreis als Ganzes ist statt auf einer Person.
- Gegenseitige Evalution: jedes Kreismitglied gibt jedem Kreismitglied Feedback.

Rolle(n) und Durchführung betrachten
Was steht in der Rollenbeschreibung?
Was klappt gut/nicht so gut?

Entwicklungsplan
Verbesserungsmöglichkeiten
(Überschriften)
konkrete Ideen

Entwicklungsplan verabschieden

Tipps

In unserem Mainstream-Kultur gibt es wenig Gelegenheit für Feedback, die nicht auf Schuldzuweisungen basiert. Viele haben daher großen Nachholbedarf und müssen diese Gespräche (neu) lernen. System wie Gewaltfreie Kommunikation (GfK) oder Clean Language können da helfen.

GfK kann helfen, aufzudecken, was unter unseren Gefühlen schlummert, als eine universelle Sprache, die unsere tiefergehenden Bedürfnisse beschreibt. Das macht es einfacher, sich gegenseitig schneller besser zu verstehen und aufeinander mit Empathie zu zugehen.

Many Voices One Song

Das Handbuch zur Soziokratie. Gefüllt mit Informationen, Beispielen, Diagrammen und einem Index.
Hier findest Du tiefere Erklärungen zu allen Prozessen und Situationen.

Auf Deutsch erhältlich!

www.sociocracyforall.org/books

Sociocracy For All

Sociocracy For All ist eine von Mitgliedern geführte gemeinnützige Organisation, die Schulungen und Beratung für Einzelpersonen und Gruppen auf allen Ebenen anbietet - auf Englisch und in verschiedenen Sprachen.

Themen:

- Entscheidungsfindung
- Organisationsstruktur
- Inklusive Meetings
- Verantwortlichkeit
- Moderationspraxis
- Immersionsprogramme
- Konfliktlösung
- Gewaltfreie Kommunikation für die Leitung von Meetings
- Zertifizierungsprogramme

Mehr Information: www.sociocracyforall.org/training

Angebote

Moderation
Wir können Ihre Vorstandsrückzug, Leistungsüberprüfungen, strategischen Planungsprozesse, Konflikteinschaltung, jedes Team, das Schwierigkeiten hat, oder einfach nur ein soziokratisches Treffen modellieren und leiten.

Neugestaltung der Organisationsstruktur
Wir können Ihnen bei der Neugestaltung einer Organisationsstruktur helfen, um Soziokratie besser umzusetzen oder sich an veränderte Umstände anzupassen.

Organisationsaudit
Wir können die Qualität Ihrer aktuellen Funktionsweise bewerten, einen Verbesserungsplan vorschlagen und Ihnen bei der Umsetzung helfen, selbst wenn Sie noch keine soziokratische Organisation sind.

Einführung von Soziokratie
Wir können von Anfang bis Ende des Prozesses der Einführung von Soziokratie unterstützen.

Made in the USA
Monee, IL
03 November 2026

67384348R00046